ZENSHO W. KOPP

El *ahora* es la Eternidad

Nuestro Verdadero Sí-Mismo es ser puro radiante y felicidad eterna.

En el recuerdo de esta, nuestra naturaleza divina en lo más profundo de nuestro ser, está la clave para el conocimiento de nuestro Verdadero Ser y para una vida llena de significado.

A la luz de la conciencia pura y clara reconoces tu Verdadero Ser, que es la inmortalidad.

Solo el momento presente es real. El pasado y el futuro solo existen en tu entendimiento. Pero tu Verdadero Ser se revela aquí-ahora, más allá de la ilusión del espacio y el tiempo.

Todas las cosas son como un sueño, una visión, flores de la nada; perseguirlas es una empresa completamente inútil.

Así que, libérate de todas las ideas ilusorias y vive libremente y sin ataduras en el mundo, sin aferrarte a nada.

En el momento en que cae la barrera condicionada de tu propia mente, se disuelve la constricción de tu pseudo-individualidad, con su apariencia exterior percibida, y tu corazón se abre al amor ilimitado del Ser Divino.

El camino Zen hacia la liberación no tolera el apego a nada, sea lo que sea.

Vuela todos tus límites. Libérate de todos tus conceptos y te encontrarás en la libertad ilimitada de la Mente.

Todos los fenómenos son una revelación de la Única Realidad y se interconectan mutuamente de manera completa y armoniosa, sin ningún obstáculo.

Tan pronto como la mente se ve a sí misma, todo el discernimiento termina, y despiertas de tu sueño de un mundo de apariencia exterior tridimensional.

Donde hay una conciencia clara y presente, hay meditación; sin ella no hay verdadera meditación.

Si te esfuerzas de esta manera, tu conciencia pronto será tan grande que la meditación se hará sola.

El mundo exterior de la apariencia es un juego del entendimiento. Si crees que son reales, te engañas con las propias proyecciones mentales. Todo es un espectáculo ilusorio.

Pero detrás de todo pensamiento, más allá de la ilusión del espacio y el tiempo, se revela la luz radiante de la Mente, tu Verdadero Ser.

Puesto que como ser humano eres una manifestación del Infinito en este mundo cambiante de finitud, surge en ti la necesidad imperiosa de hacer realidad en lo finito el Infinito, como tu Verdadero Ser.

Si te hundes en lo más profundo de tu Ser y desenredas completamente tu ego y todas las cosas, entonces te reconocerás a ti mismo como la única realidad del Ser más allá del nacimiento y la muerte.

Esta realización de tu Verdadero Ser es inmediatamente la comprensión de la realidad fundamental de todo lo existente.

Es esencial que la mente, libre de distracciones y esfuerzos, descanse naturalmente, sin ser forzada.

Sin la actividad compulsiva de la mente hay un estado de no adulteración y se descansa relajado en la inmediatez del Ser Puro.

Todos los fenómenos que la conciencia percibe solo se convierten en grilletes a través del deseo o el rechazo.

Así que, vive más allá de toda distinción en la inmediatez del Ahora y descansa inquebrantablemente en la conciencia natural de la Mente.

La Verdadera Fe es mucho más que una verdad superficial.

La Verdadera Fe es una confianza inquebrantable que se ha abierto al Ser Divino en lo más profundo del corazón y que nunca puede perderse.

La crucifixión significa una permutación de todo lo que cubre tu Verdadero Ser. Es la permutación de la locura del yo.

Tú mismo eres la causa de todos tus obstáculos. Así que, libérate de tu ego y experimentarás la inmensidad ilimitada de la Mente.

Es imperativo interrumpir el constante pensamiento recursivo del entendimiento centrando toda tu atención en el ahora.

Te encuentras desde siempre en la actual plenitud del Ser Divino. Sin embargo, solo la puedes experimentar si estás completamente presente con tu conciencia en el aquí y ahora.

La falta de deseo es la joya que cumple todos los deseos. Pero el pensamiento crea constantemente deseos.

Libérate de la compulsión independiente de pensar todo el tiempo y sumérgete en tu Verdadero Ser. De esta manera tu mente encontrará calma en la paz de la falta de deseo.

El cuerpo, el entendimiento y el mundo son solo fenómenos fugaces y pasajeros, que, como las nubes ante la luna, se deslizan sobre la realidad eternamente inmutable.

Esta realidad es el Verdadero Ser único, es tu eterno y Verdadero Sí-Mismo. Es una conciencia pura y radiante, completamente separada de todo y una absoluta felicidad.

Tu Verdadera Naturaleza es innata e inmortal, porque está más allá del nacimiento y de la muerte.

En el momento de la muerte solo fallecen el cuerpo y la percepción del mundo, pero no tú mismo en tu Verdadero Ser eterno.

Todo surge de, a través y en tu propio entendimiento.

A través de los pensamientos negativos, el infierno se eleva en ti, a través de los pensamientos positivos, el paraíso se eleva en ti.

Solo aquellos que han alcanzado los límites del pensamiento discriminatorio en su lucha espiritual podrán dar el salto al gran vacío.

Es el salto a lo ilimitado, a la inconmensurable fuente del Ser Divino.

No existe la personalidad individual separada del todo, así como no existe ninguna ola que sea diferente de todas las demás olas del mar.

Todo es el Mar Único, todo es la Mente Única en su incluyente totalidad.

Cuando el entendimiento que discrimina se eleva, la confusa multiplicidad se eleva, pero cuando el entendimiento que discrimina cesa, la multiplicidad cesa, y la mente habita en claridad desligada.

En este pacífico silencio de la mente toda distracción del entendimiento termina, porque la mente deja de tratar con lo irreal.

En la profunda meditación del Samadhi, la memoria del cuerpo, el entendimiento y el mundo se extingue a sí misma, la actividad de la conciencia se detiene y tu percepción se transforma en el ojo sabio del conocimiento trascendental.

La realización espiritual significa que todo lo que no eres se aleja de ti, y solo lo que has sido y serás desde la eternidad, en tu Verdadero Ser, permanece.

A través de la intensa y constante unicidad de la Mente en todas las actividades, el conocimiento y la acción se funden en uno, y se pueden superar todos los obstáculos.

Esta concentración indivisa de la conciencia presente en todas las actividades es la gran firmeza de la Mente, en la que se experimentan todas las cosas como manifestaciones de la única realidad.

La mente individual es solo un reflejo de la Conciencia Absoluta. Así que, gira tu mente... de vuelta a su fuente original.

Vive cada momento de presencia viviente en plena conciencia, y experimentarás el amor que todo lo conecta con todos los seres.

El Verdadero Sí-Mismo es la luz de la Mente. En esta luz todas las cosas se revelan.

La luz de tu Verdadero Ser revela la percepción del mundo exterior de la apariencia. A través del desapego del pensamiento dualista el universo entero se disolverá en tu propio corazón.

El camino de la transformación espiritual es la práctica de disolver toda la dualidad en la experiencia unificadora de la clarividencia no distintiva de la mente.

Así que, si te liberas de todo concepto de Dios, no importa cuán santo seas, llegarás a la experiencia viva de Dios.

Cuando de repente la corriente de pensamientos ascendentes se rompa, experimentarás que tu propia mente y la Mente Todopoderosa son ambas una sola realidad.

Experimentas que tu mente es originalmente pura, ilimitada y completamente libre.

El ego está siempre huyendo del ahora absoluto, porque obtiene su pseudo-ser solo a través de la identificación con la red de memoria de su pasado muerto y de sus deseos versados al futuro.

Puesto que eres Buda, conciencia iluminada en tu Verdadero Ser, la mejor y más fácil manera de alcanzar la realización es dirigir constantemente tu mente hacia ti mismo, en lugar de mirar hacia afuera, para que puedas reconocer tu naturaleza original e iluminada de Buda.

Si haces un verdadero esfuerzo en esta vida para mantener la presencia de la conciencia pura en todo momento, entonces incluso en el momento de la muerte todavía tendrás una maravillosa oportunidad para experimentar la Iluminación.

Estás en tu Verdadero Ser tanto como estés en tu paz interior; y estás tanto fuera de tu Verdadero Ser como discordia tengas en ti.

La experiencia de la Iluminación es la experiencia de tu inmortalidad.

Es la realización de que tu Verdadero Ser es una dicha no-nata, imperecedera y eterna, ya que es la realidad más alta, sin nacimiento y sin muerte.

La realidad subyacente de todo solo puede ser experimentada por una mente pura, más allá de la discriminación y el pensamiento conceptual.

Es inmutable en todos los cambios, permanece siempre igual y está más allá de la vida y la muerte.

En la realización del conocimiento superior a través de la claridad espiritual, el interior y el exterior se experimentan como una unidad completamente transparente y como Mente pura.

Tus problemas no son más que pensamiento independiente. Puedes liberarte de ellos en un instante.

La verdadera reclusión es un estado de conciencia de desapego interior de todo, con una profunda experiencia de tu Verdadero Ser.

No busques a Dios ni por dentro ni por fuera, sino estate en silencio interior y deja que Él te encuentre.

En la realización de la Conciencia Radiante, se experimenta todo como una revelación omnipresente de la realidad divina.

En esta liberación de la visión dualista, se alcanza una continua y más alta conciencia en la vida y por lo tanto también en la muerte.

Si eres completamente uno contigo mismo, eres uno con todo.

En esta vivencia experimentas la gran paz de tu Verdadero Ser en todas partes y en todo momento.

Permanece constantemente, en todas partes y en todo momento en la conciencia no distintiva del momento presente.

Nunca te desvíes de esto y la muerte no podrá sorprenderte.

Piensas que te estás moviendo en un mundo exterior de espacio y tiempo, pero es como un sueño en la noche: en realidad solo la mente se mueve.

La práctica del yoga de los sueños, por lo tanto, consiste en ser consciente de soñar incluso estando en un sueño y ver a través de todo como una proyección propia.

Alcanzas la gran firmeza de la Mente cuando tu conciencia permanece siempre presente en la inmediata presencia del ahora.

Solo sé natural y relajado. Ve las cosas como son, sin proyección de pensamiento discriminatorio.

La verdad y la verdadera paz solo las encontrarás en tu Verdadero Sí-Mismo interior. Porque dentro de ti está la Luz Divina, que es la paz eterna y la felicidad infinita.

Cuanto más hayas dejado todas las cosas dentro, más cerca estarás de la Luz Divina, el amor y la unidad con la realidad más alta.

En la oscuridad del silencio interior, cuando todo pensamiento se apaga, la Luz Divina brilla como tu Verdadero Ser.

Cuando tu pensamiento discriminatorio se rompe de repente, tu propia mente se te revela como la realidad de la Mente Única, brillando intensamente en la inmensidad ilimitada de su propia luz.

Puesto que las cosas son perfectas siendo como son, el momento de la realización de la verdadera naturaleza de las cosas y de tu mente es el momento de la Realización Espontánea.

La luna, las montañas, los ríos y todos los seres ya no están separados unos de otros y se experimentan como uno solo en la eternidad sin principio del aquí y ahora.

Si quieres experimentar la realidad de tu Verdadero Ser, entonces trasciende el espacio, el tiempo y la fisicalidad para ser consciente de tu eternidad sin muerte.

En esta gran experiencia del Ser, cuando todo pensamiento termina, se experimenta claramente que la Mente del Sí-Mismo es originalmente pura, no-nata, inconmensurablemente radiante y completamente libre.

Cuando la sabiduría trascendente brille con su luz ilimitada en el interior e ilumine el interior y el exterior, experimentarás tu mente original como tu Verdadero Sí-Mismo.

Pero solo cuando se haya hecho completamente de noche en ti se levantará el sol interior del conocimiento de tu Verdadero Ser.

Eleva tu conciencia de la ilusión del espacio y el tiempo y asiéntala firmemente en tu propio terreno interior y divino.

Sumérgete en ti mismo hasta que llegues a tu origen. Solo allí encontrarás verdadera paz y satisfacción.

En la meditación profunda, con la conciencia sin intención, la mente antes enredada en la objetivación cesa su actividad. Porque sin los enredos de las ilusiones no existe el concepto de una meta a la que aspirar.

Cuando todos los pensamientos se disuelven de esta manera, queda una conciencia abierta y clara, que se experimenta a sí misma como Ser Puro.

Si tu conciencia descansa completamente relajada en la clara y abierta conciencia de la Mente, libre de pensamientos, la experiencia de fusionarse con una extensión ilimitada se establece.

Es un estado mental que se experimenta como una alegre claridad, sin distinción entre el interior y el exterior.

Solo a través de la objetivación del entendimiento fijado surge la ilusión espiritual. Pero tu mente original es una extensión atemporal, libre e ilimitada, en la que los objetos nunca han existido.

Cuando el pensamiento dualista termina, la conciencia espontáneamente presente aparece fuera de sí misma, con una pureza y claridad natural.

Cuanto más confías en el Ser Divino, menos confías en tu propia mente dualista.

Esta gran confianza abre tu mente a la obra de la Gracia Divina.

Si quieres experimentar el estado puro y original de tu Verdadero Ser, limpia primero tu corazón de todo apego, aferramiento y rechazo.

Solo cuando tu corazón sea completamente puro y claro experimentarás el estado original y puro de tu Verdadero Ser en todas partes, en todo momento.

Así como no hay diferencia entre el sol y sus rayos, los pensamientos son solo la energía de la mente y no se distinguen de ella.

Así que, sin distraerse, míralos durante tu meditación, sin referencias, y mantente relajado en la conciencia presente.

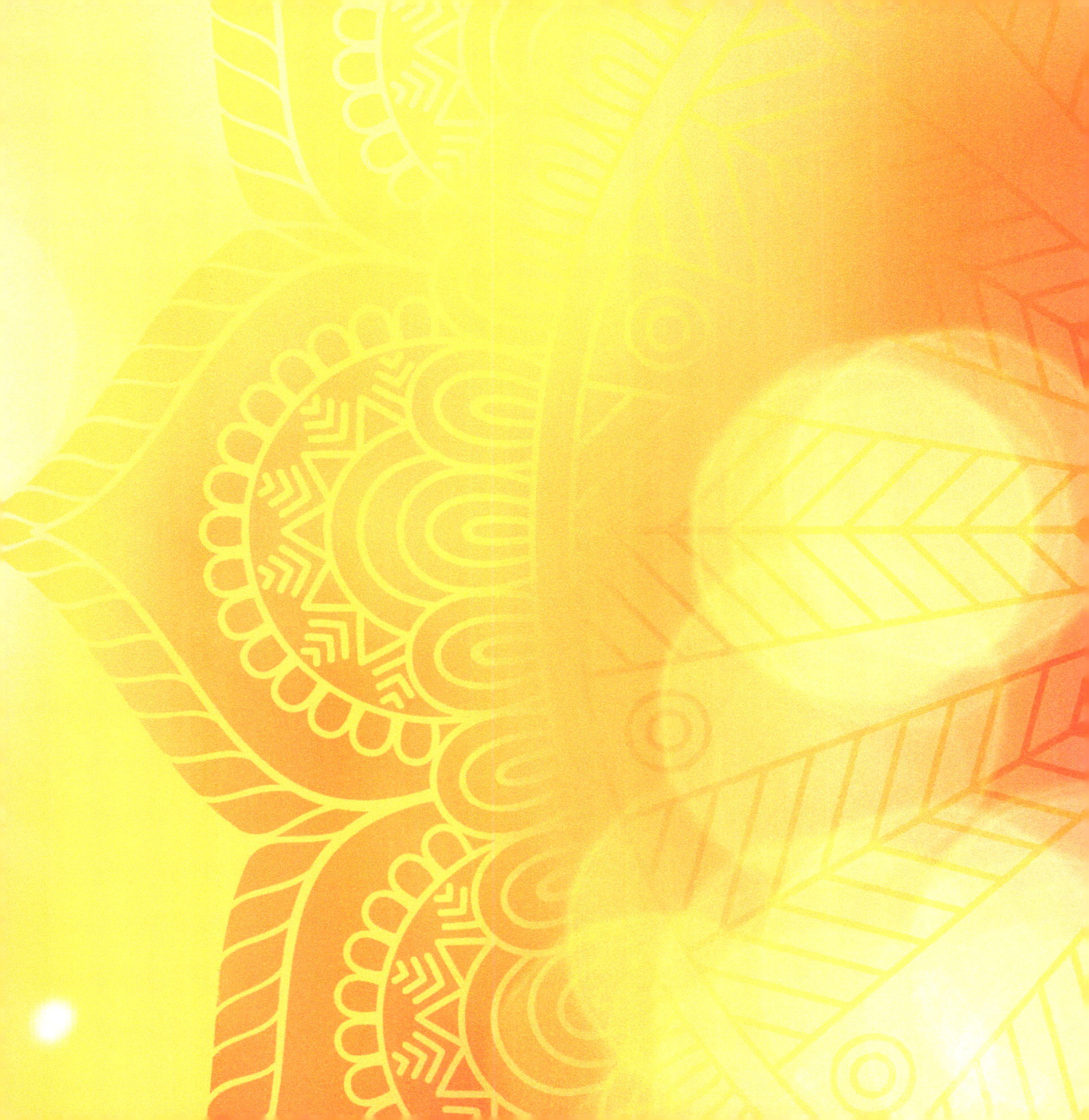

Pie de imprenta

Primera edición 2021

Título original "Das Jetzt ist die Ewigkeit,"
publicado por Spirit Rainbow Verlag, Aachen, Alemania 2020

Idea y diseño original: Verena Kopp
Edición de imágenes: Reinhard Zanella, Sandro Hölzel
Traducción: Ignacio Vega
Maquetación: Reinhard Zanella
Diseño de la cubierta: Michel Schmidt
Foto de la contraportada: Axel Jung

Producción y publicación:

© 2021, Zensho W. Kopp
Herstellung und Verlag:
BoD – Books on Demand, Norderstedt

ISBN 9783755740209

Créditos de las imágenes

Shutterstock – ViSnezh – Image nr. 337822397
www.shutterstock.com/de/g/Snezh
Designed by rawpixel.com / Freepik

Zensho W. Kopp, nacido en 1938, es uno de los maestros espirituales más autorizados de la actualidad y enseña una vía contemporánea de realización espiritual.

Autor de renombre internacional y con numerosos libros espirituales y audiolibros, enseña a una gran comunidad de estudiantes y dirige el centro Zen Tao Chan en Wiesbaden, Alemamia.

Tao Chan Zentrum e.V., Asociación sin ánimo de lucro, Wiesbaden, Alemamia.

Velada Zen abierta al público: dos veces al mes, el Centro Zen Tao Chan de Wiesbaden organiza una velada Zen abierta al público bajo la dirección del Maestro Zen Zensho W. Kopp, en la que puede participar cualquier persona interesada.

Información e inscripción: **www.tao-chan.org/es** así como **www.facebook.com zensho.w.kopp** y vídeos de Zensho **www.tao-chan.org/es/youtube**

Otros libros de Zensho W. Kopp

124 páginas, 16,50 €
ISBN 9783751972611

212 páginas, 9,95 €
ISBN 9783753461304

140 páginas, 9,80 €
ISBN **9783755740216**

120 páginas, 9,95 €
ISBN 9783744895392

El poder del silencio interior	104 páginas	ISBN 9783752670851	9,80 €
Las Iluminadas Dimensiones de lo Divino	140 páginas	ISBN 9781490311883	10,50 €
La vida verdadera mediante el ZEN	140 páginas	ISBN 9783744894036	10,99 €
El Despertar al Verdadero Si Mismo	140 páginas	ISBN 9783746010298	11,99 €
Vida desde la plenitud interior	116 páginas	ISBN 9783751959209	9,80 €

Todas las publicaciones de Zensho pueden encontrarse y adquirirse aquí:
www.tao-chan.org/es/